DECIO TEIXEIRA DA SILVA
ROBERTO REDER GONÇALVES

GLOSSÁRIO
DAS BOAS PRÁTICAS DE LABORATÓRIOS CLÍNICOS

DECIO TEIXEIRA DA SILVA
ROBERTO REDER GONÇALVES

GLOSSÁRIO
DAS BOAS PRÁTICAS DE LABORATÓRIOS CLÍNICOS

EDITORA INTERCIÊNCIA

Rio de Janeiro
2001

Copyright © 2001, by **Decio Teixeira da Silva
& Roberto Reder Gonçalves**

Direitos Reservados em 2001 por **Editora Interciência Ltda.**

Capa: **Cleber Luis**

**CIP-Brasil. Catalogação-na-Fonte
Sindicato Nacional dos Editores de Livros, RJ**

S579g
    Silva, Decio Teixeira da
        Glossário das boas práticas de laboratórios clínicos /
    Decio Teixeira da Silva, Roberto Reder Gonçalves. - Rio de
    Janeiro : Interciência, 2001

        Inclui bibliografia
        ISBN 85-7193-049-X

        1. Laboratórios de patologia clínica - Controle de qualidade.
    I. Gonçalves, Roberto Reder. II. Título.

01-0615.   CDD 616.07582
                                                          CDU 616.074

É proibida a reprodução total ou parcial, por quaisquer meios,
sem autorização por escrito da editora.

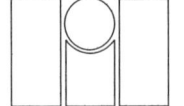

Editora Interciência Ltda.
Rua Verna Magalhães, 66 - Eng. Novo - RJ - 20.710-290
Tels.:(0xx21) 241-6916/581-9378
e-mail:editora@interciencia.com.br

Impresso no Brasil - *Printed in Brazil*

*"Se me dizes, eu esqueço.
Se me ensinas, eu me lembro.
Se me envolves, eu aprendo."*
Benjamim Franklin

Agradecimentos

Para não cometermos injustiças, substituímos nomes por um obrigado a todos que, direta ou indiretamente, contribuíram para que este trabalho fosse viabilizado.

Dedicatória

À nossa família pelo incentivo maior. Àqueles que, por tantas vezes, se privaram de nosso convívio, quando tínhamos como companhia o computador. Ao nosso trabalho, fruto de nossa respiração, e, naturalmente, à realização deste.

Prefácio

Qualidade em laboratórios clínicos públicos ou privados, ou em qualquer outro serviço, destina-se, sem dúvida, àqueles que ainda têm suficiente coragem, garra, humor e energia para construir um processo galgado em boas práticas, em "ações preventivas" retiradas da capacidade de formação e treinamento de cada indivíduo, que só assim estará fazendo ou recuperando a sua própria história.

Na realidade entendemos que você vale por aquilo que busca de conhecimento, fazendo e aplicando, e não por aquilo que você é. Pecar por omissão na verdade é pior do que errar. Os conceitos e frases utilizados aqui neste trabalho serão uma companhia constante em nosso dia-a-dia, seja na hora da consulta ou da reflexão.

Temos que ousar. Ousar fazer é conquistar espaços. "Os grandes avanços da humanidade foram conquistados por gente como você. Analise seu trabalho, lute para simplificá-lo e persiga as mudanças." Qualidade se faz assim, é aceitar desafios, "é ter idéias e não ter medo de colocá-las em prática", afinal, a instituição somos nós.

Mas nada disso será possível se o gerenciamento não se envolver e comprometer, inteirando-se dos problemas de cada uma das secções e aplicando a sua imaginação no sentido de estimular seus colaboradores/parceiros/clientes internos a conseguirem tudo que merecem.

A responsabilidade para se obter a Qualidade é de cada um de nós, que já conseguimos entender como vivem os gansos e as andorinhas.

Enfim, quando se obtém resultados de excelência/ capacitação técnica ou certificação estaremos promovendo nossa própria volta à vida, e conseqüentemente ficaremos "ricos" de informações.

> *"Ninguém é tão pobre que não tenha o que dar e tão rico que não tenha o que receber."*
> D. Hélder Câmara

Reconhecimento

Ao Eng. Marco Antônio F. da Costa, pelo incentivo ao conhecimento, revisão e coordenação científica desta obra.

À Tânia Teixeira da Silva Nunes, pela destreza como domina a palavra, revisando a língua portuguesa.

Apresentação

> *"Já foi dito que os números governam o mundo. Não sei. Mas tenho certeza de que os números nos mostram se ele está sendo bem ou mal governado."*
> Goethe

Qualidade em análises clínicas constitui, atualmente, uma questão de relevância social, já que é uma área de serviços de saúde com uma vasta extensão e atuação em praticamente todas as dependências hospitalares, sejam públicas ou privadas.

O livro de Decio Silva e Roberto Reder é extremamente oportuno, posto que preenche um espaço importante nos processos de boas práticas em análises clínicas, principalmente, por disponibilizar uma base conceitual corrente nesses ambientes.

Uma prática eficiente e eficaz de qualidade não pode gerar resultados satisfatórios se seus conceitos não forem plenamente compreendidos, e nesse sentido o livro torna-se um poderoso instrumento para a implementação dessas técnicas.

Não podemos esquecer de que estamos lidando com clientes-pacientes, que têm em si preocupações agregadas. O fato de uma pessoa realizar um exame significa que algo está sendo avaliado e cujo resultado pode ser bom ou não.

Neste contexto, a qualidade desse processo analítico requer mais do que uma redução de erros e defeitos ou de reclamações, e sim um compromisso com o outro, que nada mais é do que a ética. Boas práticas significam nada mais nada menos do que ética no atendimento, na coleta de material, na armazenagem, na análise e na elaboração do laudo, além de todos os demais processos periféricos presentes nestas atividades.

Este glossário, produto de um trabalho vivencial dos autores, reflete um esforço em difundir tais conceitos; difusão esta feita de forma precisa e leve, tornando sua leitura agradável e atraente.

Neste cenário, constitui motivo de aplausos esta iniciativa, e temos a certeza de que este livro será obrigatório em todos os laboratórios de análises clínicas, já que é uma ferramenta essencial para a promoção da qualidade nesses ambientes.

Eng. Marco Antônio F. da Costa, Msc
Prof. e Coordenador de Cursos na Área da Qualidade e Biossegurança
Fundação Oswaldo Cruz – Escola Politécnica de Saúde Joaquim Venâncio
marco@ensp.fiocruz.br

Sumário

Introdução
BPLC (Histórico e Definição) 1

PARTE I
Conceitos 5

PARTE II
Siglas e Abreviaturas 61

PARTE III
Algumas Histórias para Reflexão 93

PARTE IV
Referências 105

PARTE V
Literatura Recomendada 111

Introdução

> "*Há quatro espécies de homens: O que não sabe e não sabe que não sabe: é tolo – evite-o. O que não sabe e sabe que não sabe: é simples – ensine-o. O que sabe e não sabe que sabe: ele dorme – acorde-o. O que sabe e sabe que sabe: é sábio – siga-o.*"
>
> Richard Burton

Boas Práticas de Laboratórios Clínicos (BPLC)

Histórico

São uma adaptação para Laboratórios Clínicos e Patológicos das *Boas Práticas de Laboratórios* publicadas pela Organization for Economic Cooperation and Development. A adaptação foi realizada pela Comissão Técnica de Análises Clínicas e de Patologia – CTLE-04, do INMETRO. As BPLC foram suplementadas por, e harmonizadas com as Listas de verificação do Colégio Americano de Patologistas (College of American Pathologists), edição de 1995, após a adaptação destas últimas ao Brasil.

Definição

"Conjunto de normas da qualidade que disciplina a organização, o funcionamento e as condições sobre as quais os exames nos laboratórios clínicos são planejados, registrados, realizados, monitorados, assinados, liberados e as amostras e os dados arquivados e conservados." (INMETRO-CTLE-4-BPLC, p. 8, 1998)

PARTE I

Conceitos

Muitas das definições encontradas neste glossário correspondem às normas da Associação Brasileira de Normas Técnicas, Organização Internacional para Normalização e Instituto Nacional de Metrologia, Normalização e Qualidade Industrial (CTLE-04-BPLC, 1998).

A

> "A melhor hora de se consertar o telhado
> é quando o tempo está bom."
>
> John F. Kennedy

Ação Corretiva
Ação implementada para eliminar as causas de uma não-conformidade, de um defeito e de outra situação indesejável existente, a fim de prevenir sua repetição (ABNT-NBR ISO 8402:1994).

Ação Preventiva
Ação implementada para eliminar as causas de uma possível não-conformidade, defeito ou outra situação indesejável, a fim de prevenir a sua ocorrência (ABNT-NBR ISO 8402:1994).

Acidente
É toda ação não-programada, estranha ao andamento normal do trabalho, da qual poderá resultar dano físico ou econômico (Costa, p. 6, 2000).

Acreditação
Reconhecimento de competência e desempenho de um laboratório ou outra instituição com base em normas ou critérios.

Adaptabilidade
É a flexibilidade de o processo de lidar com mudanças ou expectativas futuras do cliente (Costa, p. 6, 2000).

Aferição

Conjunto de operações que estabelece, sob condições específicas, as relações de valores indicados por um instrumento ou sistema de medição ou dos valores representados por uma medição material ou de um material de referência com valores correspondentes de uma grandeza determinada por um padrão de referência. O resultado de uma aferição permite a estimativa de erros de indicação de um instrumento de medição, sistema de medição ou medida material, ou a atribuição de valores a marcas em escalas arbitrárias.

A aferição pode determinar também outras propriedades metrológicas. O resultado de uma aferição pode ser registrado num documento, às vezes chamado de "certificado de aferição" ou "relatório de aferição".

O resultado de uma aferição, algumas vezes, é expresso como uma correção ou um "fator de aferição", ou uma "curva de aferição" (ABNT-NBR ISO 10012-1:1993).

Ajuste

Graduar ou igualar um instrumento – o desvio existente entre o valor indicado e o valor que é real – com base em um padrão que possa ser rastreado.

Amostra do Paciente

Amostra preparada a partir do material do paciente e da qual podem ser colhidas alíquotas para exame (ABNT-NBR 14500:2000).

Amostra com Restrição

Amostras fora das especificações, mas que ainda podem ser utilizadas para alguns exames (ABNT-NBR 14500:2000).

Amostra de Proficiência

Amostra que contém analitos de concentrações ignoradas ou identificadas, enviadas em laboratórios clínicos, que participam em programas de testes com o objetivo de verificar independentemente a capacitação técnica do laboratório (PNCQ, p. 44, 2000/GP27-A do NCCLS, 1999).

AMPLITUDE

Medida na qual indica a variação ou dispersão do processo, ou seja, mostra se os valores estão relativamente próximos ou não uns dos outros.

ANÁLISE CRÍTICA PELA ADMINISTRAÇÃO DO SISTEMA DA QUALIDADE

Avaliação formal pela alta administração do estado e adequação do sistema da qualidade em relação à política da qualidade e seus objetivos (ABNT-NBR ISO 8402:1994).

ANALITO

Em análises clínicas, a substância na amostra humana cuja concentração ou atividade se deseja medir (Roth, p. 120, 1998).

ATIVIDADE

Ação na qual o "técnico" executa várias tarefas.

ARQUIVO DO COMPUTADOR

Conjunto de registros associados, tratados como unidade (Guia para Laboratórios Químicos, p. 63, 2000).

ATO INSEGURO

É aquele que reside exclusivamente no fator humano, isto é, decorre da execução de uma tarefa de uma forma contrária às normas de segurança. Por exemplo: recusa de usar EPI de uso obrigatório, não obedecer a sinais ou instruções de segurança. Nota: Hoje, admite-se que o ato inseguro está intimamente ligado a uma condição insegura do próprio indivíduo, gerado por fatores sociais, encontrados interna e externamente ao ambiente de trabalho (Costa, p. 6, 2000).

AUDITADO
    Laboratório ou qualquer outra organização que passou por uma auditoria.

AUDITOR DA QUALIDADE
    Pessoa designada e habilitada (qualificada) para executar auditorias da qualidade.

AUDITORIA DA QUALIDADE
    Exame sistemático e independente para determinar se as atividades da Qualidade e seus resultados estão de acordo com as disposições planejadas, se estas foram efetivamente implementadas e se são adequadas à consecução dos objetivos. Nota: A auditoria da Qualidade se aplica, essencialmente, mas não está limitada, a um sistema da Qualidade ou aos elementos deste, a processos, produtos ou serviços. Tais auditorias são chamadas, freqüentemente, de "auditorias do sistema da Qualidade", "auditoria da Qualidade do processo", "auditoria da Qualidade do produto", "auditoria da Qualidade do serviço".
(ABNT-NBR ISO 8402:1994).

AUDITORIA DE ACOMPANHAMENTO
    Auditoria efetuada com o único objetivo de monitorar as restrições pendentes originadas de auditorias anteriores.

AUDITORIA DE AVALIAÇÃO
    Auditoria realizada com a finalidade de avaliar um produto, um serviço, um processo ou um sistema de uma organização em comparação com uma documentação preestabelecida. Essa avaliação normalmente implica um credenciamento, qualificação ou certificação por um período determinado.

AUDITORIA DE REAVALIAÇÃO
    Auditoria realizada com a finalidade de reavaliar um produto, um serviço, um processo ou um sistema de um

laboratório ou uma outra organização, após expirado o prazo do credenciamento, qualificação ou certificação.

AUDITORIA PERIÓDICA
Auditoria realizada com a finalidade de verificar se um produto, um serviço, um processo de um sistema de uma organização continua atendendo aos requisitos preestabelecidos e verificados em auditorias anteriores. É, também, chamada de auditoria de manutenção.

AUDITORIA PROGRAMADA
Auditoria planejada, de rotina, conforme estabelecido pelo sistema da Qualidade, com a finalidade de evitar ou procurar reduzir reparos de retrabalhos ou de rejeições.

AUDITORIA SUPLEMENTAR OU EXTRAORDINÁRIA
Auditoria realizada quando estiverem ocorrendo não-conformidades, principalmente quando forem de caráter repetitivo. É recomendável a formação de uma equipe de profissionais, visando a identificar causas, a apontar soluções e ao procedimento, levantando todas as informações anteriores até as origens das causas para saná-las. Muitas vezes, a pesquisa demanda tempo e soluções transitórias que podem e devem ser tomadas.

AUTOMAÇÃO
É qualquer processo de inovação tecnológica de base microeletrônica (Costa, p. 6, 2000).

AVALIAÇÃO
É o exame sistemático dos resultados de uma instituição, comparado com seus objetivos (Costa, p. 6, 2000).

AVALIAÇÃO DA QUALIDADE
Exame para diagnosticar até que ponto um laboratório ou qualquer outra entidade é capaz de atender a todos os requisitos necessários para uma certificação.

ANÁLISE CRÍTICA PELA ADMINISTRAÇÃO (DO SISTEMA DA QUALIDADE)
Avaliação formal pela alta administração, do estado e adequação do sistema da Qualidade em relação à política da qualidade e seus objetivos (ABNT-NBR ISO 8402:1994).

B

> *"**Bom** presidente, diretor, administrador, coordenador, supervisor ou chefe é aquele que consegue conciliar o trabalho com o convívio com a família."*
>
> Decio Silva

BARREIRAS
São as resistências às mudanças (Costa, p. 6, 2000).

BIAS
O desvio sistemático dos resultados do teste em relação ao valor de referência aceito. Notas: a) Definido como "a diferença entre a expectativa de resultados do teste e um valor de referência aceito"; b) Geralmente, o desvio ou diferença tem por base uma medição replicada com o uso de um método aceito (definitivo, de referência ou comparação atribuída) e método que está sendo testado e expresso nas unidades da medição ou como um percentual (PNCQ, p. 43, 2000/GP27-A do NCCLS, 1999).

BIOLOGIA
Estudo dos seres vivos e das leis gerais da vida (Ferreira, p. 75, 1989).

BIOTECNOLOGIA
Conjunto de conhecimentos, especialmente de princípios científicos, que se aplicam à Biologia (Ferreira, p. 75, 1989).

BIOSSEGURANÇA
É um conjunto de ações voltadas para a prevenção, minimização ou eliminação de riscos inerentes às atividades de

pesquisa, produção, ensino, desenvolvimento tecnológico e prestação de serviços, riscos que possam comprometer a saúde do homem, dos animais, do meio ambiente ou a qualidade de trabalhos desenvolvidos (Comissão de Biossegurança da Fundação Oswaldo Cruz. Teixeira e Valle, p. 13, 1996).

BOLSÃO DE ESPERA

Situação causada pela demora no atendimento ou na realização de serviços, causando acúmulo indesejável (Ogushi e Alves, p. 129, 1998).

BUROCRACIA

Complicação ou morosidade que torna lento o desempenho de um serviço técnico ou administrativo.

C

> *Chefe: funcionário importante como outro qualquer.*
> Decio Silva

Cadastro do Cliente

Conjunto de dados obrigatórios que identifica o cliente: nome completo (paciente/cliente), idade, número de registro, endereço completo e telefone, nome e CRM do médico solicitante, data do recebimemto e data/horário prometido de entrega, suas amostras e exames a serem realizados.

Calibração

Conjunto de operações que criam, sobre determinada circunstância, a correspondência entre valores indicados por um instrumento, ou sistema de medição, ou por valores representados por uma medida material de referência e os valores correspondentes realizados por padrões (ABNT-NBR 14500:2000).

Calibrador

Padrão utilizado para a calibração de um sistema de medição (analítica).

Capacidade do Laboratório

Recursos físicos, ambientais e informativos, pessoal, habilidades e perícia necessários para a realização do exame em questão (ABNT-NBR 14500:2000).

Capacitação Técnica
Satisfatoriedade para o desempenho de função; habilidade ou destreza profissional (Ogushi e Alves, p. 129, 1998).

Cenário Futuro
É a imagem da instituição em um tempo futuro. É importante para a definição do planejamento (Costa, p. 6, 2000).

Certificado
Declaração escrita por um organismo certificador que um produto, serviço ou laboratório clínico satisfaz certas especificações ou requisitos (ABNT-NBR 14500:2000).

Certificação de Terceira Parte
Procedimento pelo qual uma terceira parte (independente das partes envolvidas) dá garantia por escrito de que o produto, o processo ou o serviço estão em conformidade com as exigências especificadas.

Check List
Averiguar, checar.

Chefe de Setor
Pessoa responsável pela emissão dos laudos de exames no setor.

Classe de Exatidão
Classe de medidas materializadas que satisfazem a certas exigências metrológicas destinadas a enquadrar os erros dentro de limites especificados (INMETRO – PORTARIA 233, 1994).

Cliente
Pessoa ou entidade para a qual o laboratório clínico presta seu serviço (ABNT-NBR 14500:2000).

COMPARTIMENTO (OU MÓDULO)
Cada uma das divisões do laboratório onde são desenvolvidos trabalhos específicos (Ogushi e Alves, p. 129, 1998).

COMPETITIVIDADE
Condição otimizada na realização de tarefas concernentes (Ogushi e Alves, p. 129, 1998).

CONTROLE ESTATÍSTICO DO PROCESSO
Controle de Qualidade de bancada através de dispositivos próprios envolvendo padrões, soluções, referenciais e métodos estatísticos para avaliação numérica (Ogushi e Alves, p. 129, 1998).

CUSTO
Gasto apurado na confecção do exame laboratorial, considerando este como a unidade fundamental da produtividade (Ogushi e Alves, p. 129, 1998).

COMPROVAÇÃO METROLÓGICA
Conjunto de operações necessárias para assegurar-se de que um dado equipamento de medição está em condições de conformidade com os requisitos para o uso pretendido. Comprovação metrológica normalmente inclui, entre outras atividades, aferição, alguma calibração ou manutenção necessária e subseqüente reaferição, bem como alguma lacração ou etiquetagem necessária. NBR ISO 10012-1 faz-se referência a este termo usando-se apenas comprovação.

COMPUTADOR
Dispositivo formado por uma ou mais unidades associadas de processamento e unidades periféricas, controlado por programas residentes, capazes de executar cálculos aritméticos e outras operações lógicas sem intervenção externa (Guia para Laboratórios Químicos, p. 63, 2000).

Concessão Pós-produção
Autorização escrita para usar ou liberar um produto não-conforme, em relação aos requisitos especificados.

Conformidade
Cumprimento de requisitos especificados por produto, processo ou serviço (ABNT-NBR 14500:2000).

Condições de Referência
Condições de uso para um instrumento de medição estabelecidas para ensaios de desempenho ou para garantir uma comparação válida entre resultados de medições. Geralmente especificam "valores de referência" para as grandezas de influência que afetam o instrumento de medição.

Controle
Material usado com a finalidade de se monitorar o desempenho de um sistema de medição previamente calibrado e submetido ao mensuramento de acordo com o mesmo procedimento usado para a amostra. Nota: A matriz do material de controle e do calibrador deve ser a mais próxima possível da amostra.

Controle (Kit)
Conjunto de amostras biológicas e questionário de educação continuada previamente selecionados e enviados por uma empresa técnico-científica a Laboratórios Clínicos participantes de Programa de Controle Externo da Qualidade ou Testes de Proficiência (TP), monitorando seu desempenho.

Controle da Qualidade
Técnicas e atividades operacionais usadas para atender a requisitos para a Qualidade. O controle da Qualidade compreende técnicas e atividades operacionais que se destinam a monitorar

um processo e a eliminar causas de desempenho insatisfatório para atingir a eficácia econômica, em todas as etapas do ciclo da Qualidade.

Segundo Costa (p. 7, 2000), é um processo regulador através do qual é efetuada uma medição do desempenho da Qualidade de um produto (resultado, serviço ou bens), utilizando-se padrões estabelecidos.

CONTROLE EXTERNO DA QUALIDADE

Processo de controle da Qualidade em que as amostras de valor desconhecido são analisadas pelo laboratório com o objetivo de comparar os seus resultados com os dos outros laboratórios (consenso) que utilizam sistemas analíticos iguais (mesma metodologia).

CONTROLE INTERNO DA QUALIDADE

Em laboratório clínico consiste em observações sistemáticas do desempenho de um sistema analítico, através de materiais estáveis, que simulam o comportamento de amostras humanas, para determinar se o sistema se mantém calibrado e com ações corretivas sempre que o desempenho sair dos limites de tolerância.

CORREÇÃO

Valor que, adicionado algebricamente a um resultado não-corrigido de uma medição, compensa um erro sistemático considerado.

CREDENCIAMENTO

Modo pelo qual um organismo autorizado dá reconhecimento formal de que um laboratório ou outro organismo ou pessoa tem a devida competência para desenvolver tarefas específicas.

Cultura Organizacional

É um conjunto de compreensões, interpretações ou perspectivas compartilhadas pelos indivíduos na esfera de uma instituição. É uma complexa rede de princípios, valores, crenças, tabus, mitos, etc. (Costa, p. 7, 2000).

D

> *"Das observações*
> *Não te irrites, por mais que te fizerem...*
> *Estuda, a frio, o coração alheio.*
> *Farás, assim, do mal que eles te querem*
> *Teu mais amável e sutil recreio...."*
>
> Mário Quintana

Dados
Representação de fatos, conceitos ou instruções em formato apropriado para comunicação, interpretação ou processamento por pessoas ou meios automatizados (Guia para Laboratórios Químicos, p. 63, 2000).

Dados Brutos
Documentos do laboratório (cadastro do paciente, planilha de trabalho, registros do controle de Qualidade e das calibrações/verificações) resultantes de observações originais das atividades relativas aos exames (BPLC 1998, p. 31, inciso 1.10.4).

Defeito
Não-atendimento de um requisito ou uma expectativa pretendida para um laboratório ou outra entidade, inclusive quanto à sua segurança.

Demanda
Grandeza expressa em número: quantidade, volume, etc. (Ogushi e Alves, p. 129, 1998).

Derivação
Lenta variação com o tempo de uma característica metrológica de um instrumento de medição.

Despesa
: Gasto realizado num determinado período contábil (Ogushi e Alves, p. 129, 1998).

Diagrama
: Representação gráfica por meio de linhas e traços de uma análise lógica (Ogushi e Alves, p. 129, 1998).

Desvio Padrão
: É a raiz quadrada positiva da variância. Traduz a variabilidade da dosagem de determinado analito, obtido por dosagens seqüenciais deste.

Diretor do Laboratório
: Pessoa responsável pelos princípios da Qualidade (envolvimento e comprometimento) para garantir que as Boas Práticas de Laboratórios sejam cumpridas.

Disposição (Tratamento) de Não-Conformidade
: Ação a ser implementada na entidade não-conforme de modo a resolver a não-conformidade.

Documento
: Quaisquer informações ou instruções, incluindo declarações de política, livros, textos, procedimentos, especificações, tabelas de calibração, gráficos, cartazes, avisos, memorandos, software, desenhos, plantas, documentos de origem externa, tais como regulamentos, normas e procedimentos de exame, etc., que podem estar registradas na forma digital, analógica, fotográfica ou escrita (ABNT-NBR 14500:2000).

Documentos da Qualidade
: Escrever tudo aquilo que se faz e fazer o que está escrito comprova o que cada um faz.

Drift
: Deriva.

E

> *"É possível sonhar, criar, projetar e construir o melhor lugar do mundo, mas só pessoas capazes podem transformar os sonhos em realidade."*
>
> Walt Disney

Efeito Cosmético
É o discurso diferente da prática (Costa, p. 7, 2000).

Efeito Matriz
Influência exercida e detectada por propriedade de uma amostra artificial diferente do analito e, por conseguinte, sobrepondo-se ao valor deste.

Eficácia
É o grau em que o processo atende às necessidades e às expectativas do cliente. Aplica-se aos resultados (Costa, p. 7, 2000).

Eficiência
É a melhor utilização possível dos recursos. Aplica-se aos processos (Costa, p. 7, 2000).

Segundo Ribeiro (p. 135, 1996), eficácia é fazer o que precisa ser feito. Eficiência é fazer bem-feito.

Equipamento de Medição
Todos os instrumentos de medição, padrões de medição, materiais de referência, dispositivos auxiliares e instruções necessárias para a execução da medição, incluindo o equipamento de medição usado no decorrer do ensaio e da inspeção, bem como aquele usado na aferição. Nota: Nesta NBR ISO 10012-1 o termo

"equipamento de medição" engloba "instrumentos de medição" e "padrões de medição". Além disso, um material de referência é considerado uma espécie de "padrãos de medição".

Equipamento de Proteção Coletiva
São exemplos de equipamento de proteção coletiva: chuveiro de emergência, lava olhos, caixa de areia, kit para coleta de mercúrio, lixeiras fechadas, extintores de incêndio, descartex para pérfuro-cortantes e outros.

Equipamento de Proteção Individual
São exemplos de equipamento de proteção individual: máscaras, luvas, jalecos e outros. Regulamentado pela Portaria 3214-NR-6 do MTb de 8/6/78, que prevê a distribuição gratuita desses equipamentos, cabendo ao trabalhador usá-los e conservá-los.

Erro Administrativo
Transcrição incorreta de um determinado dado, que possa levar a um laudo inaceitável do paciente ou a resultados inaceitáveis de algum controle (interno ou externo).

Erro Aleatório
Diferenças não direcionadas ou identificadas, que não apresentam um padrão entre resultados sucessivos obtidos num processo analítico (PNCQ, p. 44, 2000/GP27-A do NCCLS, 1999).

Erro (Absoluto) de Medição
Resultado de uma medição menos o valor real do mensurando.

Erro Metodológico
Uma não-conformidade encontrada em determinado sistema ou reagente, problemas de programas de instrumentação, calibração incorreta, desempenho inadequado de reagente, ou algum outro defeito que conduza a um resultado inaceitável.

Erro Sistemático
A média que resultaria de um número infinito de medições do mesmo mensurando, realizada sob condições de reprodutibilidade, deduzindo um valor verdadeiro do analito. Notas: a) O erro sistemático é igual ao erro menos o erro aleatório; b) Assim como o valor verdadeiro, o erro sistemático e suas conseqüências não podem ser totalmente conhecidos (PNCQ, p. 44, 2000/GP27-A do NCCLS, 1999).

Erro Técnico
Erro atribuível diretamente a ações dos "técnicos" que conduzem a um resultado inaceitável.

Especificidade
É a propriedade de um método determinar somente o composto que se propõe a medir.

Especificação
É um documento que contém características e requisitos de um produto, serviço ou resultado (Costa, p. 8, 2000).

Estabilidade
Capacidade de um instrumento de medição manter constantes suas características metrológicas. É comum considerar a estabilidade em relação ao tempo. Quando a estabilidade é considerada em relação a outra grandeza qualquer esta condição deve ser declarada explicitamente.

Estatística
É uma ciência que provê métodos de planejamento, coleta, apuração, exposição, análise e interpretação de dados relativos a um determinado fenômeno.

Estratégia
Em uma de suas definições, Ferreira (1989) descreve "estratégia" como a arte de aplicar os meios disponíveis ou explorar condições favoráveis com vistas a objetivos específicos. Segundo

Costa et al. (p. 24, 2000), modernamente a palavra está associada a jogos e processos gerenciais para designar alternativas.

ÉTICA
Estudo dos juízos de apreciação que se referem à conduta humana do ponto de vista do bem e do mal (Ferreira, p. 235, 1989).

EVIDÊNCIA OBJETIVA
Informação cuja veracidade pode ser comprovada, com base em fatos obtidos através de observação, medição, ensaio ou outros meios.

EXAME
Conjunto de procedimentos pré-analíticos, analíticos e pós-analíticos realizados nos pacientes/usuários/clientes e/ou em suas amostras e aplicados à saúde humana (BPLC, p. 30, 1998, inciso 1.10.1).

EXAME PRÓPRIO
Exame cujo procedimento é realizado em um serviço de análises clínicas.

EXAME TERCEIRIZADO
Exame em que a parte analítica é analisada em um serviço de análises clínicas de apoio.

EXATIDÃO
Proximidade de concordância entre o resultado de uma medição e um valor verdadeiro do analito. Notas: a) Exatidão é um conceito qualitativo; b) Deve-se evitar o uso do termo "precisão" no lugar de exatidão.

EXATIDÃO DE UMA MEDIDA MATERIALIZADA
Classe de medidas materializadas que satisfazem a certas exigências metrológicas destinadas a enquadrar os erros dentro de limites especificados (INMETRO – PORTARIA 233, 1994).

F

> *"Fumar só combina com a morte, nunca com qualidade de vida."*
>
> Ministério da Saúde

FAIXA DE MEDIÇÃO ESPECIFICADA
Conjunto de valores para um mensurando dentro do qual se assume que o erro do instrumento de medição estará dentro dos limites especificados. Notas: a) Os limites superior e inferior da faixa de medição específica são chamados, alguma vezes, de "capacidade máxima", e "capacidade mínima" respectivamente; b) Em alguns outros campos do conhecimento, "faixa" é usada para significar a diferença entre o maior e o menor valor.

FAIXA NORMAL DE RESULTADOS
Padrões utilizados para comparação com os resultados obtidos nos diversos exames realizados.

FALSO (VALOR)
Inexato.

FASE PÓS-ANALÍTICA
Etapa do trabalho laboratorial que envolve todas as atividades posteriores à realização do exame.

FERRAMENTAS
São recursos técnicos utilizados para facilitar o alcance dos objetivos (Costa, p. 8, 2000).

FORNECEDOR
É a pessoa, instituição ou ambiente que alimenta um processo. Pode existir dentro ou fora da instituição (Costa, p. 8, 2000).

FLUXOGRAMA
É a representação gráfica das fases de um processo (Costa, p. 8, 2000).

FLUXO UNIDIRECIONAL E CABINA DE SEGURANÇA BIOLÓGICA
Equipamento utilizado na Microbiologia, que promove a proteção das substâncias durante o processo de manipulação, preservando as características microbiológicas originais (esterilidade e apirogenicidade).

FREQÜÊNCIA
É o intervalo que determina o instante da retirada de cada amostra.

G

> *"Gerenciar: Menos perícia técnica mais habilidade na arte de saber negociar."*
>
> Decio Silva

GARANTIA DA QUALIDADE
Conjunto de atividades planejadas e sistemáticas, implementadas no sistema da Qualidade e demonstradas como necessárias para promover confiança adequada de um laboratório ou outra entidade, que atenderá aos requisitos para a Qualidade.

GERENCIAMENTO
Coordenação, controle de atividades como negócios, bens ou serviços.

GESTÃO
Orientação metodológica que visa a alcançar os objetivos traçados por uma instituição (Costa, p. 8, 2000).

GESTÃO DA QUALIDADE
Todas as atividades da função gerencial que determinam a política da Qualidade, os objetivos e as responsabilidades, cuja implementação é feita por diversos meios, como planejamento da Qualidade, controle da Qualidade, garantia da Qualidade e melhoria da Qualidade dentro do sistema da Qualidade.

GRANDEZA DE INFLUÊNCIA
Grandeza não sujeita à medição, mas que influencia o valor do mensurando ou a indicação do instrumento de medição. Como exemplo tem-se a temperatura ambiente.

GRAU DE DEMONSTRAÇÃO
Extensão em que a evidência é gerada com o objetivo de prover a confiança de que os requisitos especificados são atendidos.

H

> *"Há pessoas que só sabem dizer SIM, virtude ou defeito?"*
>
> Decio Silva

HARDWARE
Equipamento físico, em contraste com o software (Guia para Laboratórios Químicos, p. 63, 2000).

HIGIENE
Parte da medicina que ensina a preservar a saúde, a limpeza e o asseio. Segundo a definição de Soares (p. 217, 1993), é o ramo da Biologia e da Medicina que estabelece as bases e os meios para a preservação da saúde, bem como a prevenção e o combate às doenças, considerando como tal tudo que perturbe o indivíduo e/ou as populações, quer física, mental ou socialmente.

HIPÓTESE
Primeira etapa de raciocínio no Método Científico, que tem dois objetivos: explicar um fato e prever outros acontecimentos dele decorrentes. Uma vez confirmada, através de experiências laboratoriais ou de campo, constitui-se numa teoria (Soares, p. 219, 1993).

HISTÓRICO
Tudo aquilo que é real ou verdadeiro. Exposição cronológica dos requisitos.

Homogênea
Substância na qual as partes ou os elementos são da mesma natureza, ou que estão sólida e/ou estreitamente ligados.

Humano (Recursos)
Tudo aquilo relativo ao homem; humanitário.

Humor
Substância orgânica líquida ou semilíquida. Disposição de espírito. Condição necessária para se realizar um trabalho com qualidade.

I

> *"Imaginação é mais importante do que conhecimento."*
> Albert Einstein

INCERTEZA DA MEDIÇÃO
É o campo no qual se encontra o valor de medição real com uma margem de probabilidade conhecida.

INDICADOR DE QUALIDADE
Figura sensível à variação nas condições otimizadas de trabalho (Ogushi e Alves, p. 129, 1998).

INSPEÇÃO
Atividades como medição, exames, ensaio, verificação com calibre e padrões (de uma ou mais características de uma entidade) cujos resultados são comparados de acordo com os requisitos especificados, a fim de determinar se a conformidade é obtida para cada uma dessas características.

INSTRUMENTO LEGAL
Ato pertinente à legislação (Ogushi e Alves, p. 129, 1998).

INTERFACE
Limite compartilhado entre duas unidades funcionais e definido, conforme apropriado, por características funcionais, características comuns de interconexão física e características de

sinal. Este conceito envolve a especificação da conexão de dois dispositivos com funções diferentes (Guia para Laboratórios Químicos, p. 63, 2000).

INTERFERÊNCIA ANALÍTICA
Aumento ou diminuição artificial na concentração ou intensidade aparente de um analito, em face da presença de componente ou propriedade da amostra clínica normal, que reage inespecificamente com reagente de detecção ou com o próprio. Enfim é o efeito de outro componente que não o analito que prejudica a precisão de sua dosagem.

ISO
É uma federação de caráter mundial dos orgãos nacionais de normalização que congrega aproximadamente 105 países. Os objetivos da ISO são: promover o desenvolvimento da normalização e as atividades relacionadas no mundo, facilitar o intercâmbio internacional de bens e serviços e o desenvolvimento da cooperação nas esferas de atividades intelectual, científica, tecnológica e econômica. Os acordos internacionais formalizados através de normas internacionais é o resultado da obra desenvolvida pela ISO.

IMPLANTAÇÃO
Introduzir algo. Inserir um processo em outro.

IMPLEMENTAÇÃO
Indispensável na execução de algum processo.

L

> *"Lealdade nós desenvolvemos conosco, depois com nosso chefe e depois com a empresa."*
>
> Decio Silva

LABORATÓRIO DE APOIO (quanto à realização de exames)
Laboratório que realiza exames em amostras enviadas por outros laboratórios (BPLC 1998, p. 28, inciso 1.2.2.6.).

LABORATÓRIO DE EMERGÊNCIA (quanto à realização de exames)
Laboratório que funciona 24 horas/dia, realizando exames considerados emergenciais.

LABORATÓRIO DE ENSINO (quanto à sua administração)
Laboratório que também é utilizado para fins didáticos e de treinamento (BPLC 1998, p. 28, inciso 1.2.2.5).

LABORATÓRIO ESPECIALIZADO (quanto à realização de exames)
Laboratório que realiza exames referentes a uma ou mais áreas definidas: Bacteriologia, Micobacteriologia, Micologia, Virologia, Parasitologia, Imunologia, Bioquímica, Toxicologia, Urinálise, Hormonologia, Radioimunoensaios, Histocompatibilidade, Citogenética, Imuno-hematologia, Genética Clínica, Microscopia Eletrônica, Imunopatologia, Biologia Molecular, etc. (BPLC 1998, p. 29, inciso 1.2.2.9).

LABORATÓRIO FILIAL (quanto à sua organização)
Laboratório que faz parte de uma empresa, mas localizado em local diverso do laboratório matriz ou central, onde se

recebe ou procede a coleta de material. Realiza análises e procedimentos laboratoriais, emite laudos para o cliente/paciente/ usuário com a finalidade de auxiliar o diagnóstico.

LABORATÓRIO GERAL (quanto à realização de exames)
Laboratório que realiza exames de Análises Clínicas, Anatomia Patológica, Citopatologia ou Patologia Clínica (BPLC 1998, p. 28, inciso 1.2.2.8).

LABORATÓRIO INDEPENDENTE (quanto à sua administração)
Laboratório que não está ligado a qualquer instituição (como um hospital, por exemplo) (BPLC 1998, p. 28, inciso 1.2.3.3).

LABORATÓRIO INSTITUCIONAL (quanto à sua administração)
Laboratório subordinado administrativamente a uma instituição (BPLC 1998, p. 28, inciso 1.2.2.4.).

LABORATÓRIO MÉDICO OU CLÍNICO
Para fins de acreditação, um laboratório médico ou clínico é definido como uma entidade jurídica (ou estabelecimento) com um único endereço e CNPJ, no qual se realizam exames em amostras provenientes de seres humanos para fins preventivos, diagnósticos, prognósticos e de monitoração em saúde humana e que está sobre a responsabilidade de um só diretor responsável. Um posto de coleta que não analisa amostras e cujas atividades se limitam a provas funcionais (como o tempo de sangria) não é considerado um laboratório. Laboratórios dentro de uma mesma instituição (sob a direção de diferentes diretores responsáveis) são considerados laboratórios distintos. Laboratórios satélites de uma mesma organização (ainda que sob a direção do mesmo diretor, mas com endereços e CNPJs diferentes) são considerados como laboratórios distintos (PALC, p. 5, 1999).

LABORATÓRIO DE REFERÊNCIA (quanto à realização de exames)
É um laboratório de excelência, reconhecido formalmente por entidade de cunho científico, nacional ou internacional, governamental ou privada, utilizado para comprovação de resultados laboratoriais (BPLC 1998, p. 28, inciso 1.2.2.7).

LAUDO
Documento gerado pelo laboratório clínico, contendo informações laboratoriais do paciente e os dados resultantes de seus exames e do profissional legalmente habilitado.

LEGIBILIDADE
Valor encontrado em leitura direta ou indireta de uma balança. Determina a resolução do equipamento ou menor divisão da leitura da balança.

LIMITES DE ERRO PERMISSÍVEL DE UM INSTRUMENTO DE MEDIÇÃO
Valores extremos de um erro, para um dado instrumento de medição, permitidos pelas especificações, regulamentos e outros.

LIMPEZA
Processo pelo qual são removidos materiais estranhos (matéria orgânica, sujeira) de superfícies e objetos. Normalmente, é realizada através da aplicação de água e sabão, detergente ou por ação mecânica.

LINEARIDADE
Relação linear entre a carga aplicada e o valor mostrado que um equipamento é capaz de seguir.

LISTAS DE VERIFICAÇÃO
Listas das Boas Práticas de Laboratórios Clínicos, utilizadas pelos avaliadores para verificar a conformidade do avaliado com as normas de reconhecimento/certificação, baseadas nas listas do College of American Pathologists (Colégio Americano de Patologistas).

LOTE
Quantidade específica de um material ou conjunto de materiais ou seres vivos, produzidos ou gerados durante um ciclo definido de modo que tenham características uniformes e identificação adequada (BPLC 1998, p. 34, inciso 1.12).

M

> *"Minha mais poderosa arma é a oração silenciosa."*
>
> Mahatma Gandhi

MANUAL DA QUALIDADE
   Documento no qual consta a política da Qualidade e descreve o Sistema da Qualidade de um laboratório ou outra organização.

MANUAL DE PROCEDIMENTOS
   Conjunto de procedimentos operacionais padronizados.

MARCA DE CONFORMIDADE
   Marca registrada, aposta ou emitida de acordo com as regras de um sistema de certificação, indicando existir um nível adequado de confiança a que corresponde o produto. Processo ou serviço que está em conformidade com uma norma específica ou outro documento normativo (exemplo: Selo de Qualidade).

MASSA CONVENCIONAL
   Valor encontrado através de medição direta, respeitando parâmetros ideais de temperatura, umidade e pressão atmosférica, segundo os valores convencionais.

MATERIAL DO PACIENTE
   Uma ou mais partes retiradas de um sistema humano e destinadas à realização de exame ou preparo da amostra do paciente (ABNT-NBR 14500:2000).

Material de Referência

Material ou substância dos quais uma ou mais propriedades são suficientemente bem estabelecidas, para serem usadas para aferição de um aparelho, à avaliação de um método de medição ou à atribuição de valores a materiais (ISO/IEC Guide 30).
Nota: Esta definição foi extraída do ISO/IEC guia 30, onde existem várias notas.

Matriz

Todos os componentes de um sistema de materiais, excetuadas as formas de analito clinicamente relevantes (PNCQ, p. 43, 2000/GP27-A do NCCLS, 1999).

Média da Amostra ($Xm = \overline{X}$)

Medida que indica centralização do processo, sendo $\overline{X}$ o valor que representa a amostra.

Medição

Conjunto de operações que tem por objetivo determinar o valor de uma grandeza.

Meio de Medição

Todos os instrumentos, padrões, materiais de referência, meios de auxílio e instruções necessários para efetuar uma medição.

Mensurando

Grandeza submetida à medição.

Método

Seqüência lógica utilizada para se atingir um objetivo.

Missão

Razão de ser de uma instituição. Qual a finalidade de sua existência? Qual a sua função social? O que ela pretende?
(Costa, p. 8, 2000).

N

> *"Não se pode ajudar as pessoas fazendo por elas o que elas devem fazer por si próprias."*
>
> Abraham Lincoln

NÃO-CONFORMIDADE

Não atendimento à condição necessária para se alcançar certo objetivo especificado.

> Algumas causas que podem levar a não-conformidades:
> - Não envolvimento e comprometimento da direção;
> - Grande rotatividade de profissionais e/ou funcionários;
> - Falta de treinamento contínuo e postura de profissionalização;
> - Não utilizar o "Nós" ao invés do "Eu";
> - Tentar adequar o serviço somente com a preocupação de uma auditoria de avaliação ("nada muda por decreto");
> - Não existência de planejamento estratégico;
> - Não atendimento a procedimentos específicos, normas e não se enquadrar de acordo com os padrões estabelecidos;
> - Não escrever tudo aquilo que se faz;
> - O não gerenciamento das mudanças por etapas.

Tratamento:
- Disposição: ação tomada no ato;
- Ação corretiva: corrigir o que leva ao problema, atacar a causa;
- Ação preventiva: extensão da ação corretiva a outras hipóteses.

O

> *"O trabalhador não trabalha porque está feliz, ele está feliz porque trabalha."*
>
> Decio Silva

ORDENAÇÃO
Colocar em ordem; ato ou efeito de ordenar-se.

ORGANISMO
Qualquer ser, sistema ou estrutura organizada. Entidade que exerce funções de caráter social, político, etc. (Ferreira, p. 395, 1993).

ORGANISMO DE CERTIFICAÇÃO CREDENCIADO – OCC
Organismo público, privado ou misto, sem fins lucrativos, de terceira parte, que atende aos requisitos de credenciamento estabelecidos pelo Sistema Nacional de Certificação.

ORGANISMO DE INSPEÇÃO (AGENTE DE INSPEÇÃO)
Organismo que realiza serviços de auditoria e de inspeção como subcontratado de um Organismo de Certificação Credenciado.

ORGANIZAÇÃO
Ato ou efeito de organizar(-se). Modo por que um ser vivo é organizado. Associação ou instituição com objetivos definidos (Ferreira, p. 395, 1993).

ORGANIZAÇÃO PRÓ-QUALIDADE
Estrutura que objetiva a eficiência e a eficácia dos trabalhos realizados.

ORGANOGRAMA

Quadro de uma organização ou de um serviço no qual são representadas as relações entre as suas unidades ou secções, indicando as atribuições de cada uma.

𝒫

> *"Para ajudar seus filhos a se darem bem na vida, passe com eles o dobro do tempo e gaste com eles a metade do dinheiro."*
>
> H. Jackson

PACIENTE

Pessoa em cujo material o laboratório clínico realiza um ou mais exames (ABNT-NBR 14500:2000).

PADRÃO

Medida materializada, instrumento de medição, material de referência ou sistema de medição destinado a definir, realizar, conservar ou reproduzir uma unidade ou um ou mais valores de uma grandeza para servir como referência (INMETRO/NIE-DINQP-083, p. 13/24).

PADRÃO (DE MEDIÇÃO)

Medida material, instrumento de medição, material de referência ou sistema de medição que definem, concretizam, conservam ou reproduzem uma unidade, ou um ou mais valores de uma grandeza, para transferi-los a outros instrumentos de medição, por comparação.

PADRÃO DE REFERÊNCIA CERTIFICADO

Material de referência, acompanhado por um certificado, com um ou mais valores de propriedades e certificados, por um procedimento que estabelece sua rastreabilidade à obtenção exata da unidade na qual os valores da propriedade são expressos e cada valor certificado é acompanhado por uma incerteza para um nível de confiança estabelecido.

PADRÃO DE TRABALHO
Padrão utilizado rotineiramente para calibrar ou controlar medidas materializadas, instrumentos de medição ou materiais de referência (VIM 6.7).

PADRÃO DE TRANSFERÊNCIA
Padrão utilizado como intermediário para comparar padrões. Obs.: O termo dispositivo de transferência deve ser utilizado quando o intermediário é um padrão (VIM 6.8).

PADRÃO (DE MEDIÇÃO) INTERNACIONAL
Padrão reconhecido por um acordo internacional para servir, mundialmente, como base para estabelecer valores a outros padrões da grandeza a que se refere (INMETRO/NIE-DINQP-083, p. 13/42).

PADRÃO (DE MEDIÇÃO) NACIONAL
Padrão reconhecido por uma decisão nacional para servir, em um país, como base para estabelecer valores a outros padrões da grandeza a que se refere. Nota: O padrão nacional em um país é freqüentemente um padrão primário (INMETRO/NIE-DINQP-083, p. 13/42).

PADRÃO PRIMÁRIO
Padrão que é designado ou amplamente reconhecido como tendo as mais altas qualidades metrológicas, cujo valor é aceito sem referência a outros padrões de mesma grandeza (INMETRO/NIE-DINQP-083, p. 13/42).

PADRÃO SECUNDÁRIO
Padrão cujo valor é estabelecido por comparação a um padrão primário da mesma grandeza (INMETRO/NIE-DINQP-083, p. 13/42).

Padrão Itinerante
Padrão, algumas vezes de construção especial, aplicado em locais diferentes.

Peso
Medida materializada de massa regulamentada em suas características de construção metrológicas (INMETRO – PORTARIA 233, 1994).

Planilha de Trabalho
Sistema de informação originário do cadastro do cliente que tem como função definir os exames a serem realizados e registrar os respectivos resultados.

Política da Qualidade
Intenções e diretrizes globais de um laboratório ou de uma instituição, relativas à Qualidade, formalmente expressas pela direção do laboratório ou de outra entidade.

Ponto de Equilíbrio
Referência numérica sobre a quantidade de exames para a qual o valor da receita é igual ao valor das despesas totais (Ogushi & Alves, p. 130, 1998).

Ponto Crítico
Fase de um processo com alto grau de possibilidade de geração de uma não-conformidade (Costa, p. 9, 2000).

Portaria SS/CFS Nº. 07
Institui o roteiro para inspeção em Laboratórios de Análises Clínicas e Postos de Coleta no Estado do Rio de Janeiro, de 14 de dezembro de 1998.

Posto de Coleta
Unidade do laboratório clínico que recebe, coleta e prepara amostras e entrega laudos. Uma unidade de coleta não realiza exames "in vitro", podendo, todavia, realizar provas como o tempo de sangria, entre outras.

PRECISÃO
Proximidade de concordância entre resultados independentes de testes obtidos sob condições estipuladas. Nota: Normalmente, não se expressa a precisão como valor numérico, mas quantitativamente em termos de imprecisão – o DP (desvio padrão) ou CV (coeficiente de variação) dos resultados num conjunto de medições replicadas.

PROCEDIMENTO
Forma especificada para executar uma tarefa (Costa, p. 9, 2000).

PROCEDIMENTO OPERACIONAL PADRÃO – POP
Procedimento escrito que define como realizar qualquer atividade (laboratorial) em toda a sua extensão (BPLC 1998, p. 30, inciso 1.6). Instruções de trabalho diferem de um POP em que descrevem apenas uma operação ou tarefa de modo simples e direto, enquanto que em todos os Procedimentos Operacionais Padrão de procedimentos técnicos devem constar no mínimo: o nome do laboratório; título; aprovação e liberação: data e assinatura do Diretor do Laboratório ou do profissional por ele designado; número da versão atual; número do documento; paginação: página atual/núnero total de páginas; abrangência (distribuição); número de cópias (Resolução 1213/SES).

PROCESSO
Conjunto de tarefas distintas, interligadas, visando a cumprir uma missão.

PROCESSO PRÉ-ANALÍTICO
Etapas que se iniciam em ordem cronológica a partir da solicitação do clínico, e que inclui a requisição de exame, a orientação sobre coleta, a preparação e coleta do material ou amostra do paciente, o transporte para e dentro do laboratório clínico e o cadastramento (ABNT-NBR 14500:2000).

PROCESSO PÓS-ANALÍTICO
Etapas que têm início após a execução do exame e que incluem: análise de consistência dos resultados, liberação de

laudos, armazenamento de material ou amostra do paciente, transmissão e arquivo de resultados e consultoria técnica (ABNT-NBR 14500:2000).

PROCESSO TÉCNICO-LABORATORIAL
Compreende todas as tarefas laboratoriais, desde a recepção do paciente até a expedição de resultado (Oguski e Alves, p. 130, 1989).

PROCESSO DE QUALIFICAÇÃO
Processo que demonstra se uma entidade é capaz de atender aos requisitos especificados.

PRO-EX
Conjunto de amostras-controle, destinado ao Controle Externo da Qualidade do Laboratório participante ou teste de proficiência (PNCQ, p. 39, 2000).

PROGRAMA DE CONTROLE MÉDICO E SAÚDE OCUPACIONAL
Programa que tem como objetivos a promoção e a preservação da saúde do conjunto dos trabalhadores de uma instituição (Costa, p. 9, 2000).

PROGRAMA DE GARANTIA DA QUALIDADE
Sistema de controle para garantir que todos os procedimentos laboratoriais sejam realizados com ética e segundo os princípios das BPLC.

PROGRAMA DE PREVENÇÃO A RISCOS AMBIENTAIS
Programa que visa a preservação da saúde e da integridade dos trabalhadores, através de antecipação, recolhimento, avaliação e conseqüente controle da ocorrência de riscos ambientais existentes e que venham a existir no ambiente de trabalho, tendo em consideração a proteção do meio ambiente e dos recursos naturais (NR9/MTb).

PRO-IN
É a utilização de amostras-controle de valores conhecidos dosadas ao mesmo tempo que as amostras dos pacientes (PNCQ, 39, 2000).

PROJETO
É qualquer conjunto de instruções organizadas e documentadas que serve de base para transformar idéias em processos, produto e/ou serviços (Costa, p. 10, 2000).

> *"Quando você interrompe as suas metas no meio do caminho, você estará atropelando o seu destino e interrompendo a sua própria história."*
>
> Decio Silva

QUALIDADE

Algumas definições resumidas:
- Grau de conformidade com as especificações (Philip Crosby);
- Adequação ao uso (Josepf Juran);
- Satisfação do cliente (Deming);
- Capacidade de um produto ou serviço satisfazer as necessidades dos usuários (Afnor);
- Fazer o óbvio (Ishikawa);
- É a criação conjunta de valor: valor para cliente e para a organização (Abrechet);
- Totalidade de características de uma entidade que lhe confere a capacidade de satisfazer as necessidades explícitas e implícitas (ABNT-NBR ISO 8402)...

QUALIDADE DEFENSIVA

Produtos ou serviços que satisfaçam as especificações (Costa, p. 11, 2000).

QUALIDADE OFENSIVA

Antecipa as necessidades do cliente, incorporando-as às especificações (Costa, p. 11, 2000).

QUALIFICADO
Condição dada a um laboratório ou outra entidade para que estes demonstrem a capacidade de atender aos requisitos especificados.

QUALIMETRIA
Avaliação constante do processo da Qualidade.

R

> *"Realidade Social: 5% pensam, 15% pensam que pensam e 80% preferem morrer a ter que pensar."*
>
> Roberto Flávio de Carvalho e Silva

Rastreabilidade
Capacidade de recuperação do histórico, da aplicação e da localização de uma entidade (atividade, processo ou produto), por meio de identificações de documentos.

Repetitividade
Série de medições sob as mesmas condições de trabalho.

Reprodutibilidade
Série de medições sob condições diferentes.

Resolução
Expressão quantitativa da capacidade de um dispositivo indicador permitir uma distinção significativa entre valores imediatamente próximos da grandeza indicada.

Resolução 1213/SES
Resolução da Secretaria Estadual de Saúde, de 21 de agosto de 1998, que aprova as Boas Práticas de Laboratórios Clínicos (BPLC) no âmbito do Estado do Rio de Janeiro.

Responsável Técnico
Pessoa com responsabilidade técnica legal pelo laboratório clínico.

REQUISITO
Condição necessária para se alcançar algum objetivo especificado.

RISCO
Situação onde se conhece as fontes do risco e existe as chances de ocorrer um acidente, causando danos. Ele é mensurável (Costa, p. 11, 2000).

S

> *"Será meta prioritária para o novo século que irá ditar o desenvolvimento de uma empresa: fazer dos trabalhadores colaboradores e não subordinados."*
>
> Decio silva

SAÚDE
Condição em que há equilíbrio e harmonia total nas funções orgânicas, físicas e mentais. Segundo definição da OMS, não é só a ausência de doença, mas o completo bem-estar físico, mental, moral e social do indivíduo.

SEGURANÇA
Propriedade de um método manter a exatidão, precisão, especificidade e sensibilidade originais por longos períodos.

SENSIBILIDADE
Capacidade de um método analítico medir a menor quantidade possível de determinado componente numa amostra.

SISTEMA
Conjunto de variáveis interdependentes e em contínua interação com o objetivo de alcançar uma meta comum.

SISTEMA DE CERTIFICAÇÃO
Sistema que possui suas próprias regras de procedimentos e de gerenciamento para realizar a certificação de conformidade.

Sistema da Qualidade

De acordo com a norma NBR ISO 8402, Sistema da Qualidade é a estrutura organizacional, procedimentos, responsabilidades, processos e recursos necessários para implementar a gestão da Qualidade.

Software

Programas, procedimentos, regras ou qualquer documentação associados e pertencentes à operação de um sistema de computador (Guia para Laboratórios Químicos, p. 63, 2000).

Supervisão da Qualidade

Acompanhamento e verificação contínuos do estado de um laboratório ou outra entidade; análise de registros, para garantir que os registros especificados estão sendo atendidos.

Supervisor Técnico

Pessoa responsável pelo acompanhamento da realização dos exames em toda a sua extensão.

T

> *"Tente mover o mundo – o primeiro passo é mover a si mesmo."*
>
> Platão

TAMANHO DA AMOSTRA (n)

Quantidade de itens ou peças inspecionadas na amostra. São as medidas da amostra. Determinada quantidade de dados tem de ser representativa da população.

TAREFA

Conjunto de atividades distintas, realizadas em um posto de trabalho, com objetivo de cumprir uma função definida.

TESTE COM AMOSTRA DIVIDIDA

Determinada amostra é dividida em alíquota(s). Uma das alíquotas é examinada em determinado equipamento e a outra ou outras alíquotas são examinadas em outro(s) equipamento(s), comparando-se os resultados (PNCQ, p. 44, 2000 /GP27-A do NCCLS, 1999).

TESTE DE PROFICIÊNCIA OU AVALIAÇÃO EXTERNA DA QUALIDADE

Programa em que amostras múltiplas são periodicamente enviadas a membros de um grupo de laboratórios clínicos para exame e/ou identificação, no qual os resultados de cada laboratório são comparados com os de outros laboratórios clínicos do grupo e/ou com um valor designado e relatados aos laboratórios clínicos participantes e a terceiros (PNCQ, p. 44, 2000/GP27-A do NCCLS, 1999).

TRABALHO

Segundo Ferreira (p. 541, 1989) define: Aplicação das forças e faculdades humanas para alcançar um determinado fim ou atividade coordenada, de caráter físico e/ou intelectual, necessária à realização de qualquer tarefa, serviço ou empreendimento. Definido, ainda, como local onde se exerce essa atividade ou também como qualquer obra realizada.

TRABALHO PRESCRITO

É a maneira como o trabalho deve ser executado (Costa, p. 11, 2000).

TRABALHO REAL

É a maneira como o trabalho é realmente executado (Costa, p. 11, 2000).

V

> *"Você precisa se perguntar se as mudanças são uma oportunidade ou uma ameaça para a sua empresa."*
>
> Peter Drucker

VALIDAÇÃO
Confirmação por exame e apresentação de evidência objetiva para que os requisitos especificados para um uso pretendido foram cumpridos (ABNT-NBR 14500:2000).

VALIDAÇÃO DE COMPUTADOR
Verificação de dados quanto à sua correção ou conformidade com padrões de processamentos de dados, regras e convenções aplicáveis. No contexto do equipamento, a validação envolve a verificação do desempenho quanto à sua correção, etc. (Guia para Laboratórios Químicos, p. 64, 2000).

VALOR
Significado com rigor de um termo.

VALOR CRÍTICO
Valor alarmante do ponto de vista da saúde, indicando que está bem acima ou muito abaixo da faixa normal de resultado, indicando que a vida do paciente pode estar correndo perigo. Exige que se notifique imediatamente ao médico assistente.

VALOR DESIGNADO
Valor atribuído a uma determinada quantidade e aceito, às vezes por convenção, como dotado da incerteza apropriada a determinado propósito (ISO/IEC GUIDE 43).

VALOR DE REFERÊNCIA BIOLÓGICO
Valor de um analito em indivíduo pertencente a um grupo definido de amostra de referência de indivíduos.

VALOR VERDADEIRO CONVENCIONAL
Valor de uma grandeza que, para determinado objeto, pode substituir o valor verdadeiro (INMETRO – PORTARIA 233, 1994).

VERIFICAÇÃO
Confirmação de atendimento aos objetivos ou requisitos especificados (Costa, p. 11, 2000).

VISÃO
Capacidade de uma instituição olhar o futuro e planejar-se para ele (Costa, p. 11 2000).

PARTE II

Siglas e Abreviaturas

A

> *"Adote a nova filosofia - acorde para o desafio, conscientize-se de suas responsabilidades e assuma liderança no processo de transformação."*
> Deming

ABIPTI
  Associação Brasileira das Instituições de Pesquisa Tecnológica e Industrial

ABNT
  Associação Brasileira de Normas Técnicas

ANBIO
  Associação Nacional de Biossegurança

ANPEI
  Associação Nacional de Pesquisas Industriais

B

> *"**B**asta trabalhar duas horas por dia para conquistar o mundo."*
> Zola

BPL
   Boas Práticas de Laboratório

BPLC
   Boas Práticas de Laboratórios Clínicos

BM
   Bio-Manguinhos

C

> *"Com a razão tudo se prova e tudo se impugna."*
> Balmés

CAPS
Colégio Americano de Patologistas

CBA
Consórcio Brasileiro de Acreditação de Sistemas e Serviços de Saúde

CB-25
Comitê Brasileiro da Qualidade

CES
Consenso Estadual de Saúde

CFS
Coordenação de Fiscalização Sanitária

CIPA
Comissão Interna de Prevenção de Acidentes

CLT
Consolidação das Leis do Trabalho

CNCL
Comitê Nacional de Credenciamento de Laboratórios

CNPJ
Cadastro Nacional de Pessoa Jurídica

CONACRE
Conselho Nacional de Credenciamento

CONAMA
Conselho Nacional do Meio Ambiente

CONMETRO
Conselho Nacional de Metrologia, Normalização e Qualidade Industrial

CRB
Conselho Regional de Biologia

CRF
Conselho Regional de Farmácia

CRM
Conselho Regional de Medicina

CTC
Comitês Técnicos de Certificação

CTLE-04
Comissão Técnica de Análises Clínicas e Patologia-INMETRO

CTNB$_{IO}$
Comissão Técnica Nacional de Biossegurança

CV
Capacidade de variação

D

> *"Devemos fazer o que for necessário, o que acharmos importante, não importando se nosso ato vai provocar aplausos ou vaias."*
> Shunji Nishimma

DE
   Decreto Estadual

DF
   Decreto Federal

DGHVS
   Departamento Geral de Higiene e Vigilância Sanitária

DICRE
   Divisão de Credenciamento e Confiabilidade-INMETRO

DINQP
   Diretoria de Normalização, Qualidade e Produtividade-INMETRO

DP
   Desvio padrão

E/F

> *"Embora o homem se especialize e se concentre em determinada profissão, deve manter-se em contato com as diversas faces da vida."*
> Hargworth

ENSP
  Escola Nacional de Saúde Pública

EPC
  Equipamento de proteção coletiva

EPI
  Equipamento de proteção individual

FMS
  Fundação Municipal de Saúde

FNS/MS
  Fundação Nacional de Saúde/Ministério da Saúde

G

> *"Gosto muito do trabalho; fascina-me.
> Posso sentar-me e contemplá-lo horas a fio."*
> Jerome K. Jerome

GLP
Good Laboratory Practice (Boas Práticas de Laboratório – Regulamentada pela Lei Internacional de Química)

GMP
Good Manufacturing Practice (Boas Práticas de Fabricação – OMS)

GQ
Garantia da Qualidade

I

> *"Insista, seja perseverante, tenha a síndrome da mosca e inove, utilizando para cada situação novos caminhos mais adequados a cada realidade."*
> Roberto Flávio de Carvalho e Silva

IAAC
  Interamerican Accreditation Cooperation (Ensaio de Proficiência por Comparações Interlaboratoriais)

IEC
  International Electrotechinal Comission

INMETRO
  Instituto Nacional de Metrologia, Normalização e Qualidade Industrial

INSS
  Instituto Nacional de Seguridade Social

IPI
  Investimento de proteção individual (compra de equipamentos)

ISO
  International Standardization Organization (Organização Internacional para Normalização)

INT
  Instituto Nacional de Tecnologia (Laboratório de Calibração credenciado – RJ)

IVR
  Índice de Valorização de Resultados

L/M

> *"Liderança, como nadar ou andar de bicicleta, não se aprende lendo."*
> Eleanor Roosevelt

LACENN
　Laboratório Central de Saúde Pública Noel Nutels

LF
　Lei Federal

MTIC
　Ministério do Trabalho Indústria e Comércio

MC
　Manual de coleta

MQ
　Manual da Qualidade

MS
　Ministério da Saúde

N

> *"Nossas dúvidas são traidoras, e nos fazem perder o bem que sempre poderíamos ganhar, por medo de tentar."*
> William Shakespeare

NA
   Não se aplica

NBR
   Normas Brasileiras Regulamentadoras

NC
   Não-conformidade

NCCLS
   National Committee for Clinical Laboratory Standards (Comitê Internacional de Padrões para Laboratórios Clínicos).

NOB
   Norma Operacional Básica do Sistema Único de Saúde

NRs
   Normas Regulamentadoras do Ministério do Trabalho

NT
   Norma Técnica

O

> *"**Os** cargos são efêmeros, o que é eterno e fica marcado para sempre são os bons ou maus serviços que prestamos."*
> Decio Silva

OCC
   Organismo de Certificação Credenciado

OECD
   Organização e desenvolvimento do trabalho em conjunto

OIML
   Organização Internacional de Metrologia Legal

OMS
   Organização Mundial de Saúde

ONA
   Organização Nacional de Acreditação

OS
   Ordem de serviço

P

> *"Para que o mal prevaleça é suficiente a omissão dos bons."*
> Abraham Lincoln

P
   Portaria

PALC
   Programa de Acreditação de Laboratórios Clínicos/Sociedade Brasileira de Patologia Clínica

PBQP
   Programa Brasileiro de Qualidade e Produtividade

PCEQ
   Programa de Controle Externo da Qualidade

PCIQ
   Programa de Controle Interno da Qualidade

PCSMO
   Programa de Controle de Saúde Médico-Ocupacional

PDAVS
   Programa Desconcentrado de Ações de Vigilância Sanitária

PELM
   Programa de Excelência para Laboratórios Médicos/Sociedade Brasileira de Patologia Clínica

PNCQ
    Programa Nacional de Controle de Qualidade/Sociedade Brasileira de Análises Clínicas

POP
    Procedimento Operacional Padrão

POPB
    Procedimento Operacional Padrão de Biossegurança

PPI
    Programação pactuada e integrada

PPRA
    Programa de Prevenção de Risco Ambientais

R

> *"**R**iscos, perigos, ameaças, possibilidades de eventos negativos... Na verdade as doenças são construídas... Os seus construtores conhecem em detalhes as características da construção. A primeira e decisiva etapa para enfrentar um desafio é reconhecer que ele existe. Saber como funcionam os micróbios, os serviços de saúde e nós, seres humanos, faz parte da magia de um equilíbrio com um Universo em construção."*
> Alexandre Adler

RBC
Rede Brasileira de Calibração

RBLE
Rede Brasileira de Laboratório de Ensaio

RES
Resolução

RNC
Relatório de não-conformidade

S

> *"Sua mente é um instrumento destinado a servi-lhe e não destruí-lo. Mude seus pensamentos e você mudará seu mundo."*
> Norman V. Peale

SADT
  Serviços Auxiliares de Diagnósticos e Tratamento

SBAC
  Sociedade Brasileira de Análises Clínicas

SBPC
  Sociedade Brasileira de Patologia Clínica

SES
  Secretaria Estadual de Saúde

SIA
  Sistema de Informações Ambulatoriais

SINMETRO
  Sistema Nacional de Metrologia, Normalização e Qualidade Industrial

SMS
  Secretaria Municipal de Saúde

SNA
  Sistema Nacional de Auditoria

SNC
Sistema Nacional de Certificação

SNVS
Secretaria Nacional de Vigilância Sanitária do Ministério da Saúde

SUS
Sistema Único de Saúde

SVS
Secretaria de Vigilância Sanitária

T

> *"**T**reinamento é um processo de desenvolvimento integral, porque simultaneamente capacita o homem para o trabalho e o condiciona a refletir sobre a prática do trabalho e sobre a sua própria história."*

TA
   Temperatura ambiente

TP
   Tempo padrão

TP
   Teste de proficiência

U/V

> *"Um líder não impõe a sua decisão. Ele a molda."*
> Nelson Mandela

UBQ
   União Brasileira para a Qualidade

UO
   Unidade organizacional

VIM
   Vocabulário Internacional de Termos Fundamentais e Gerais de Metrologia-INMETRO

VR
   Valor de Referência da Grandeza

PARTE III

**Algumas Histórias
para Reflexão**

A Falta de Sorte Pode Ser Sorte

> "O problema é que dificilmente você tem uma segunda chance."
>
> Peter Drucker

Estava eu sentado na minha cadeira, quase anoitecendo, preparando uma palestra para ser administrada em um laboratório, cujo contexto seria para Conscientização para a Qualidade.

O frio intenso de julho colaborava para que o chuveiro a gás, com defeito, não esquentasse a água devidamente. Pela terceira vez chamara a empresa de manutenção, já que o equipamento se encontrava na garantia. Afinal, eu precisava de um bom banho quente para "descongelar" os dedos e agilizar o trabalho para o dia seguinte.

Muito aborrecido, para minha surpresa, nem esperando mais, chegaram dois funcionários da empresa de manutenção, por volta das 21 horas, para realizar o tal conserto. Um deles, muito solícito, se apresentou como gerente.

Enquanto o funcionário tentava consertar o chuveiro, com várias tentativas em vão, comecei a conversar com o gerente. Entre uma conversa e outra, ele observou na tela do meu computador a palavra "QUALIDADE", indagando o que seria aquilo que estava digitando.

Expliquei que era um treinamento de "Sensibilização para a Qualidade"; pediu permissão para passar as páginas, e, se mostrando muito interessado no assunto, perguntou-me se o trabalho era direcionado para determinado público.

Mostrei-lhe rapidamente que "Sensibilização para a Qualidade" nós aprendemos com os nossos pais e passamos para nossos filhos na prática e não com teorias. Assim acontece com as empresas. O que adianta a propaganda, dizendo que faz e acontece, se, na hora do atendimento, deixa a desejar? O meu chuveiro era um bom exemplo.

Rapidamente aquele senhor entendeu tudo e solicitou-me para administrar a palestra também em sua empresa. Convite aceito imediatamente por mim. Contando esta história na palestra no dia seguinte, quase todos foram unânimes em falar:

— O Senhor estava dentro da sua casa, preparando uma palestra, o chuveiro "pifa", chama várias vezes a empresa de manutenção, o gerente vai te atender junto com um funcionário e te convida para palestrar. É MUITA SORTE!

Claro, mas a sorte só bateu em minha porta porque eu estava preparado para ela. Sorte é quando estamos preparados, esperando a melhor hora para utilizá-la.

A Vida das Pessoas
Vale Tanto Quanto a Nossa Própria Vida

> *"Nunca se esqueça que o cliente um dia pode ser você.
> Então, olhe sempre o cliente como um espelho."*
>
> Decio Silva

Um velho técnico de laboratório estava para se aposentar. Contou ao chefe os seus planos de largar o serviço de análises clínicas e deixar os plantões em hospitais e viver uma vida mais tranqüila com a família. Claro que ele sentiria falta das remunerações extras, mas ele necessitava da aposentadoria.

O diretor do laboratório sentiu em saber que perderia um de seus melhores colaboradores e pediu-lhe que fizesse mais alguns plantões, como um favor especial, pois tinha um funcionário doente. O técnico consentiu, mas com o tempo foi fácil observar que seus pensamentos e seu coração não estavam no trabalho.

Ele não se empenhou no serviço e começou a perder a ética no atendimento, na coleta, na análise e conseqüentemente na elaboração do laudo. Foi uma maneira lamentável de encerrar sua carreira.

Quando o técnico estava fazendo o seu último plantão, foi chamado com urgência para atender uma senhora de aproximadamente 74 anos, na unidade coronariana, com fortes dores no peito. Era quase final de plantão e o último dos longos 30 anos de serviço; ele já se preparava para ir embora e pediu que aguardasse o outro plantonista que iria rendê-lo em mais ou menos uma hora.

O tempo passou, a paciente ficou sem fazer os exames, foi monitorada somente com eletrocardiograma e diagnosticado tardiamente um infarto agudo do miocárdio. Não havia mais tempo... Veio a notícia. Que choque! Que vergonha! Era sua própria mãe.

Se ele soubesse que estaria atendendo a sua própria mãe, certamente teria feito diferente, não teria sido tão negligente. Agora, ele teria que carregar este peso para o resto de seus dias.

Assim, às vezes, acontece conosco. Quando atendemos vidas de maneira distraída, reagindo mais que agindo, colocando menos do que o melhor. Nos assuntos importantes, não empenhamos nosso melhor esforço. Então, em choque, nós olhamos para a situação que criamos e vemos que ajudamos a salvar tantas vidas e não ajudamos a salvar a própria razão de nossa existência. Se soubesse disso, teríamos feito completamente diferente.

Pense em você como este técnico. Pense sobre sua vida e da sua família. Cada dia você ajuda a salvar uma nova vida. Viva sabiamente. É a única vida que você viverá. Mesmo que você tenha somente mais um dia no trabalho, este dia merece ser trabalhado com qualidade, procedimentos uniformes, e lembre-se que a postura de profissionalização vale para qualquer vida.

"A vida das pessoas vale tanto quanto a nossa própria vida." Quem poderia dizer isso mais claramente? Sua vida de hoje é o resultado de suas atitudes e escolhas feitas no passado. Sua vida de amanhã será a soma de suas atitudes e escolhas do presente.

As Barreiras

> *"Não existe nada mais difícil de organizar, que apresente sucesso mais incerto e seja mais rigoroso de se estabelecer do que o início das mudanças. O inovador faz inimigos entre aqueles que prosperam sobre a antiga ordem e recebe apenas um apoio discreto daqueles que poderiam prosperar sobre nova ordem."*
>
> Maquiavel

Como já sabemos, "barreiras" são resistências a qualquer tipo de mudança. Neste quase meio século de vida e quase trinta anos de profissão, seja como analista, administrador ou observador, aprendemos que quando nascemos Deus não nos deu as "barreiras" em nossas vidas, ele não nos fez uma pessoa má, reacionária ou complicada. Proporcionou-nos toda uma vida para nos moldarmos e nos deu tempo suficiente para corrigirmos nossos erros.

Muitos se desculpam o tempo inteiro, não param de reclamar e dizem que são dessa forma por algum tipo de influência, herança ou outro motivo qualquer. Na verdade, achamos que basta encontrar o melhor caminho e decidir pelas mudanças.

Aprendemos que as "barreiras" existem desde que o mundo é mundo, e resistir às mudanças é "bobagem", uma vez que Qualidade em nossas vidas e em nosso trabalho não é um modismo, mas uma realidade e necessidade.

Pesquisando em alguns livros e acompanhando alguns profissionais da área de laboratório durante essa "estrada", anotamos algumas frases características de resistências às mudanças. O que pode parecer inacreditável é a pura realidade:

"Não sei o porquê de se colocar tanta luminosidade nesta sala, o outro chefe sempre trabalhou quase no escuro."
(Chefe da manutenção de um hospital público – quando foi solicitado para iluminar a sala da Microbiologia.)

"A teoria dos germes de Louis Pasteur é ridícula ficção."
(Pierre Pochet – professor de Fisiologia – 1872.)

"Estou aqui há quase vinte anos e nunca fiz este exame, por que fazer agora?"
(Bióloga – quando se implantou a gasometria com a abertura do CTI numa unidade hospitalar estadual.)

"O raio X é uma mistificação."
(Lord Kevin – presidente da British Royal Society of Science – 1970.)

"Controle de Qualidade externo é bobagem, isto não vai dar certo. Só funciona para quem faz poucos exames."
(Farmacêutico-bioquímico e médico com especialização em análises clínicas – quando se implementou Testes de Proficiência em um laboratório da rede estadual.)

"É totalmente impossível que nobres orgãos da fala humana sejam substituídos por um sensível e ignóbil metal."
(Jean Boilaud – da Academia Francesa de Ciência sobre o fonógrafo de Thomas Edison – 1878.)

"Lava olhos e chuveiro de emergência é pura besteira, só se utiliza em laboratório de química."
(Diálogo entre um médico e um técnico de RX – quando se colocou o Equipamento de Proteção Coletiva em laboratório público.)

"O cinema será encarado por algum tempo como curiosidade científica, mas não tem futuro comercial."
(Auguste Lumière, a respeito de seu próprio invento – 1895.)

"Não preciso usar luvas, já estou imune. Afinal, tenho 30 anos de laboratório."
(Técnico de um conceituado laboratório do Rio de Janeiro – quando começou a se exigir Equipamentos de Proteção Individual.)

"A televisão não dará certo. As pessoas terão de ficar olhando sua tela e a família americana média não tem tempo para isso."
(*The New York Times* – 18 de abril de 1939.)

"Não preciso tomar vacina para me imunizar contra Hepatite B! Com este tempo que tenho de laboratório já não 'pego' mais nada."
(Técnica de laboratório do Ministério da Saúde – quando se implantou o Programa de Imunização contra Hepatite B em uma unidade hospitalar.)

"O avião é um invento interessante, mas não vejo nele qualquer utilidade militar."
(Marechal Ferdinand Foch – titular de estratégia na Escola Superior de Guerra – França – 1911.)

"Estou aqui neste laboratório há quase vinte anos, cada dia que chego tem um exame diferente pra fazer, já virou palhaçada."
(Funcionário biomédico – quando se implementou novos exames de rotina em laboratório da rede pública.)

O primeiro passo é observar tudo que está acontecendo em nossa volta, antes de reagir. Observe! Quando algumas pessoas reativas entram em choque com as mudanças dentro de uma instituição, ficam isoladas e as novas formas de pensar e agir as afastam naturalmente do processo de evolução da implementação de uma nova cultura. É importante deixar esta reflexão: vale a pena resistir?

ATENDIMENTO: CUIDADO COM O QUE FALA

> *"As respostas de um profissional da saúde não podem ser padronizadas e uniformes."*
>
> Roberto Kanaane e Sandra Ortigoso

A Qualidade no atendimento ao cliente é ponto-chave. O cuidado com uma resposta de um profissional da saúde é muito importante, pois numa fração de segundos pode-se jogar "por água abaixo" um bom atendimento prestado ou até mesmo evitar que o cliente procure o serviço.

Os profissionais da saúde de laboratório quase sempre enxergam como boa qualidade de atendimento ao cliente a coleta perfeita, a análise com eficácia e a elaboração do laudo sem erros, mas é importante ressaltar que a fase pré-analítica de um laboratório ou de um exame clínico médico começa no atendimento ao telefone, e na maioria das vezes na recepção.

Na busca pela melhor qualidade no atendimento muitas coisas devem ser feitas para satisfação do cliente: todo cliente merece toda a atenção. Afinal, o calor humano é importante. Cumprimentar o cliente com um sorriso, dar bom dia, boa tarde, um aperto de mão são gestos de consideração que aumentam a auto-estima do cliente.

Atendimento direcionado: olhar o cliente de frente e "olho no olho". Dar informações seguras e precisas. Se não souber, não informar. Falar calmamente, usar tom moderado de voz.

Não deixar o cliente esperando e, caso necessário, desculpar-se informando a verdadeira razão da espera. Encerrar o atendimento com uma demonstração de prazer, brilho nos olhos, sorriso e cumprimento de "até logo". São pequenos gestos que significam muito. Por tudo isso, é importante o cuidado com o que se fala!

"As respostas de um profissional de saúde não podem ser padronizadas e uniformes."

Veja o exemplo do diálogo entre uma recepcionista e um familiar de um cliente que buscou informação em uma unidade hospitalar:

Familiar — Por favor, eu queria saber notícias da minha mãe?

Recepcionista (atendendo com um sorriso no rosto) — Por favor senhora, o nome do paciente completo e qual o setor onde se encontra internada.

Familiar — Maria José da Silva, está na Unidade de Tratamento Intensivo.

Recepcionista (muito educada, continuando com um sorriso no rosto) — Um momento, senhora!

Familiar — Obrigada!

Recepcionista (muito solícita, como último agrado, aumenta o sorriso) — Faleceu, senhora!...

Este diálogo é verídico, posto que, de fato, a recepcionista procedeu desta forma em um atendimento tão delicado. É uma reflexão para todos os profissionais que atuam na área de saúde. Por isso, cada atendimento deve ser único e direcionado. Cada caso é um caso. Cada pessoa é única. Cada situação é única.

PARTE IV

Referências

ASSOCIAÇÃO BRASILEIRA DE NORMAS TÉCNICAS. *Requisitos de Garantia da Qualidade para equipamento de medição.* NBR ISO 10012-1: 1993. 14 p.

ASSOCIAÇÃO BRASILEIRA DE NORMAS TÉCNICAS. *Gestão da Qualidade e Garantia da Qualidade – Terminologia.* NBR ISO 8402 : 1994. 15 p.

ASSOCIAÇÃO BRASILEIRA DE NORMAS TÉCNICAS. *Diretrizes para Auditoria de Sistema da Qualidade.* Parte1 - Auditoria, NBR ISO 10011-1: 1990. 7 p.

ASSOCIAÇÃO BRASILEIRA DE NORMAS TÉCNICAS. *Gestão da qualidade no laboratório clínico.* NBR 14500: 2000. 19 p.

BRASIL. Ministério do Trabalho. Portaria 25 – NR 9 de 29 de dezembro de 1994. *Programa de Prevenção de Riscos Ambientais. 8 p.*

BRASIL. Ministério do Trabalho. Portaria 3214 – NR 6 de 8 de junho de 1978. *Equipamentos de proteção individual.*

COSTA, M. A. F. *Qualidade em Biossegurança*. Rio de Janeiro: Ed. Qualitymark, 2000.

COSTA, M A. F.; COSTA, M. F. B.; N. S. F. *Biossegurança: ambientes hospitalares e odontológicos*. São Paulo: Ed. Santos, 2000.

FERREIRA, Aurélio Buarque de Holanda. *Mini dicionário da língua portuguesa*. Coordenação Marina Baird Ferreira, Margarida dos Anjos; Equipe Elza Tavares Ferreira... {et al}. 3. ed. Rio de Janeiro: Ed. Nova Fronteira, 1993.

INMETRO. Comissão Técnica de Análises Clínicas e Patologia (CTLE-04). *Boas Práticas de Laboratórios Clínicos e Listas de Verificação para Avaliação*. Rio de Janeiro: Ed. Qualitymark, 1998.

INMETRO. *Critérios básicos da Qualidade para o Credenciamento de Laboratórios Clínicos* Norma. No. NIE-DINQP-083, 1998. 24 p.

INMETRO. *Guia para laboratórios Químicos: Um auxílio à organização e ao credenciamento*. Rio de Janeiro: Ed. Interciência, 2000.

INMETRO. Portaria 233 – 1994. *Objetiva estabelecer as condições técnicas e metrológicas essenciais a que devem satisfazer os pesos utilizados nas medições de Massa que envolvem as atividades previstas no item 8 da Res.* CONMETRO No. 11/1988.

INMETRO. *Vocabulário Internacional de Termos Fundamentais e Gerais de Metrologia*. 1995.

ISO/IEC Guide 43: *Proficiency testing by interlaboratory comparison* – Part 1: Development and operation of proficiency testing schemes. Geneva. The International Organization for Standardization. 1961:1.

OGUSHI Q.; ALVES S. L. *Administração em laboratórios clínicos – Gestão da Qualidade, Estrutura Organizacional, Componentes Financeiros.* São Paulo: Ed. Atheneu., 1998.

RIBEIRO, L. *O Sucesso não Ocorre por Acaso.* 117. ed. Rio de Janeiro: Ed. Objetiva., 1996.

ROTH, E. *Como Implantar a Qualidade em Laboratório Clínico – o Caminho das Pedras.* Rio de Janeiro: HINSDALE Consultorias e Treinamento Ltda. para Laboratórios Clínicos e de Patologia, 1998.

SECRETARIA ESTADUAL DE SAÚDE. Resolução 1213, de 21 de agosto de 1998. *Aprova as Boas Práticas de Laboratórios Clínicos - BPLC no âmbito do estado do Rio de Janeiro.*

SILVA, R. F. C. *Mobilização para Qualidade.* Rio de Janeiro: Ed. Qualitymark., 1992.

SOARES, J. L. *Dicionário etimológico e circunstanciado de Biologia.* São Paulo: Ed. Scipione, 1993.

SOCIEDADE BRASILEIRA DE ANÁLISES CLÍNICAS. *Manual do Laboratório Participante.* Programa Nacional de Controle de Qualidade. Rio de Janeiro. 2000.

SOCIEDADE BRASILEIRA DE PATOLOGIA CLÍNICA. *Manual do Laboratório.* Programa de Acreditação de Laboratórios Clínicos. Rio de Janeiro: 1999.

TEIXEIRA, P.; VALLE, S. *Biossegurança: uma Abordagem Multidisciplinar.* Rio de Janeiro: Ed. FIOCRUZ, 1996.

PARTE V

Literatura Recomendada

CLARET, M. O Poder da Sabedoria: Coleção O Poder do Poder. São Paulo: Ed. Martin Claret Ltda, 1997.

COSTA, M. A. F.; COSTA, M. F. B. *Metodologia da Pesquisa: conceitos e técnicas*. Rio de Janeiro: Ed. Interciência, 2001.

GRETZ, J. R. *O Prefeito de Jerusalém*. Florianópolis: Viabilização de Talentos Humanos S/C Ltda., 1997.

REBELO, A. R. C.. *Auditorias da Qualidade*. Rio de Janeiro: Ed. Qualitymark. 1994.

SILVA, D.T.; GONÇALVES, R.R.; FERREIRA, J.C. *Procedimento Operacional Padrão/Recepção-001*. Centro de Patologia Médica Especializada/Laboratório Alcântara, 1999.

TAULIB, Davis. *Controle de Qualidade Total:* da teoria à prática em um grande hospital: Relato da *experiência de 4 anos no Centro de Unidade Médicas Integradas Santa Therezinha*. Rio de Janeiro: Ed. Qualitymark, 1998.

VALLE, S. *Regulamentação da Biossegurança em Biotecnologia*. Rio de Janeiro: Gráfica Auriverde, 1998.

TAVARES & TRISTÃO

Rio de Janeiro
(0XX21) 890 2834 / 890 3325